1897

GUIDE CYCLISTE

(RÉGION DE TOULOUSE)
Par F.P.D.

Mois de cyclisme.
Carte cycliste.
Réglementation générale
de la circulation vélocipédique.
Conseils Hygiéniques & Médicaux,
Entretien de la Machine.

Prix: 20 centimes.

Imprimerie
LABOUCHE FRÈRES
TOULOUSE

PROPRIÉTÉ DÉPOSÉE

SOCIÉTÉ GÉNÉRALE DES CYCLES BÉBÉLI & Cie

MAGASIN DE VENTE & BUREAUX

24, Boulevard Lazare Carnot, TOULOUSE
USINE : Au Ramier du Bazacle

Nous avons l'honneur d'informer nos clients que nous sommes les seuls à avoir fait cette année un nouveau modèle réellement appréciable pour les innovations qu'il comporte :

1° Le cadre d'une seule pièce est renforcé à la base par deux tubes jumeaux reliant le pédalier au moyeu arrière ;

2° Le pédalier est muni de billes de dix millimètres de diamètre ; un serrage concentrique d'une manipulation aisée pour tout cycliste s'oppose absolument à tout bloquage et assure un roulement toujours identique ;

3° Nouveaux moyeux à frottements interchangeables régis par un réglage identique à celui du pédalier ; mouvement renversé, mettant les organes intérieurs à l'abri de la poussière ;

4° Nouvelle chaîne brevetée, nickelée à doubles rouleaux ;

5° Écrous et boulons noyés dans les pièces ; simplification du démontage par la réduction à deux types de diamètres pour toute la machine.

Nous nous mettons entièrement à la disposition de nos clients, soit pour leur soumettre notre modèle 1897 et leur donner toutes les explications qui s'y rapportent, soit pour leur faire visiter nos ateliers de construction.

BÉBÉLI & Cie

PNEUMATIQUES
INCABLE
LIBERTY
Single-tube
demontable
A.WOLBER
76·Rue des Arts à Levallois-Perret

RÉGLEMENTATION GÉNÉRALE
De la Circulation Vélocipédique
SUR LES VOIES PUBLIQUES

Nous, préfet du département d

Vu la loi des 22 décembre 1789-8 janvier 1790 ;

Vu la loi du 21 mai 1836, art. 9 ;

Vu la loi du 5 avril 1884, art. 97 et suivants ;

ARRÊTONS :

ARTICLE PREMIER. — La circulation des vélocipèdes sur toutes les voies publiques, nationales, départementales et communales, est soumise aux règles ci-après énumérées.

ART. 2 — Tout vélocipède doit être muni d'un appareil sonore avertisseur dont le son puisse être entendu à 50 mètres.

Dès la chute du jour, il doit être pourvu, à l'avant, d'une lanterne allumée.

ART. 3. — Tout vélocipède doit porter une plaque indiquant le nom et le domicile du propriétaire, ainsi qu'un numéro d'ordre, si le propriétaire est loueur de vélocipèdes.

ART. 4. — Les vélocipédistes doivent prendre une allure modérée dans la traversée des agglomérations, ainsi qu'aux croisements et aux tournants des voies publiques.

Ils ne peuvent former de groupes dans les rues.

Il leur est défendu de couper les cortèges et les troupes en marche.

En cas d'embarras, les bicyclistes sont tenus de mettre pied à terre et de conduire leurs machines à la main.

Art. 5. — Les vélocipédistes doivent prendre leur droite, lorsqu'ils croisent des voitures, des chevaux ou des vélocipèdes, et prendre leur gauche, lorsqu'ils veulent les dépasser ; dans ce dernier cas, ils sont tenus d'avertir le conducteur ou le cavalier au moyen de leur appareil sonore et de modérer leur allure.

Les conducteurs de voitures et les cavaliers devront se ranger à leur droite à l'approche d'un vélocipède, de manière à lui laisser libre un espace utilisable d'au moins 1 m. 50 de largeur.

Les vélocipédistes sont tenus de s'arrêter lorsque à leur approche un cheval manifeste des signes de frayeur.

Art. 6. — La circulation des vélocipèdes est interdite sur les trottoirs et contre-allées affectées aux piétons.

Cette interdiction ne s'étend pas aux machines conduites à la main.

Toutefois, en dehors des villes et agglomérations, la circulation des vélocipèdes pourra s'exercer sur les trottoirs et contre-allées affectés aux piétons, le long des routes et chemins pavés ou en état de réfection.

Sur tous les trottoirs et contre-allées affectés aux piétons où la circulation des vélocipédistes est autorisée, ceux-ci sont tenus de prendre une allure modérée à la rencontre des piétons et de réduire leur vitesse à celle d'un homme au pas, au droit des habitations isolées.

Art. 7. — La circulation des vélocipèdes peut être interdite par des arrêtés municipaux, temporairement ou d'une façon permanente, sur tout ou partie de la voie publique.

A chacune des extrémités des espaces interdits, des écriteaux placés et entretenus par la commune donnent avis de l'interdiction.

Art. 8. — Sont rapportés tous arrêtés préfectoraux ou municipaux pris antérieurement pour réglementer la circulation des vélocipèdes dans les diverses communes dn département.

Art. 9. — Les contraventions au présent arrêté seront constatées par des procès-verbaux et déférées aux tribunaux compétents.

Art. 10. — Les sous-préfets, maires, officiers de gendarmerie, ingénieurs et agents des ponts et chaussées, les agents voyers, les commissaires de police, les gardes-champêtres et tous officiers de police judiciaire sont chargés de veiller à l'exécution du présent arrêté qui sera inséré au recueil des actes administratifs, affiché et publié dans toutes les communes du département.

29 Février 1896.

SELLES BAURIAT

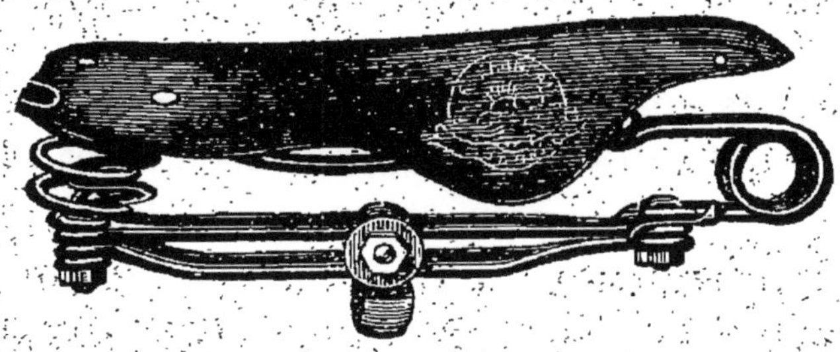

127, Rue du Bois

LEVALLOIS-PERRET (Seine)

La plus importante manufacture de selles Françaises. Se recommande par sa bonne fabrication, tant au point de vue de l'élégance que de la solidité de ses selles.

Demander chez tous les fabricants sa selle de route extra souple.

GROS ET DEMI-GROS

QUELQUES CONSEILS D'HYGIÈNE
Destinés principalement aux Routiers

AGE. - Les enfants et surtout les vieillards doivent apporter la plus grande modération dans les exercices cyclistes.

SEXE. - Interdiction absolue pour les femmes pendant certaines périodes; promenades courtes dans les quatre ou cinq jours qui précèdent et qui suivent ces périodes.

MALADIES. - Si certaines maladies (la tuberculose, par exemple, quelque forme qu'elle revête) doivent faire proscrire formellement la bicyclette, d'autres (emphysème pulmonaire de moyenne intensité, lésions cardiaques compensées, etc.) sont compatibles avec un exercice très modéré. S'il existe le moindre doute sur le bon fonctionnement de l'organisme, consulter un médecin et autant que possible un médecin cycliste.

ENTRAINEMENT. - Indispensable pour qui veut faire aisément une course un peu longue. Doit être progressif ; pas de saccades, pas d'emballages ; ne jamais arriver à l'essoufflement. Laisser l'amour-propre de côté, surtout aux côtes, et se méfier des *amis* qui se font un malin plaisir de vous surmener au bout de la première heure de route. Ne plus fumer dès que l'on commence un entraînement méthodique.

COSTUME. - Il doit : 1º Etre assez ample pour ne gêner aucun mouvement (aller au delà de certaines limites pourrait d'autre part donner trop de prise au vent); 2º Etre mauvais conducteur de la chaleur. Ce qui préserve de la chaleur, préserve du froid. N'employer, par conséquent, autant que possible, que la laine qui a en outre la précieuse qualité d'absorber plus d'eau d'interposition que les autres textiles : les variations de température ont moins d'action sur le corps. Préférer en été les couleurs claires qui absorbent moins la chaleur solaire.

Tout en observant ces règles générales, le cycliste peut modifier à sa guise certains détails de son costume ; nous nous bornerons donc à quelques conseils sommaires résumant, selon nous, les meilleures conditions à réaliser. Casquette en drap léger : s'il fait très chaud, mouchoir mouillé placé sous la casquette. (La sueur de la tête s'évapore plus vite avec des cheveux courts). – Chemise de flanelle. – Un caleçon de bain est, pour les hommes, un premier vêtement très utile. – Veste munie de poches extérieures et intérieures. Ces dernières pour la montre, le porte-monnaie, etc. – Pantalon. – Pas de poches. Le bas du pantalon doit pouvoir, grâce à une double rangée de boutons, être fixé, soit au niveau des chevilles, soit au-dessus des mollets. Quand il fait très chaud, on est plus à l'aise si l'on a les jambes découvertes. – Chaussettes en été, bas en hiver. Jamais de jarretières. Souliers lacés ne recouvrant pas la cheville ; empeignes légères ; éviter les semelles trop minces ; à la longue, la pression sur la pédale devient pénible et quand il faut marcher, le contact du sol l'est bien vite. – Accessoires utiles : mitaines légères en été ; gants à deux doigts en hiver ; lunettes : préservent beaucoup contre la pénétration dans les yeux des poussières, des moustiques ; légèrement fumées, elles atténuent l'intensité de la lumière solaire. Pour les femmes, corset souple sans busc ; pas de jupes qui forcent à employer la bicyclette sans cadre, moins rigide et plus fragile.

Sᴀᴄ ᴅᴇ ᴄᴀᴅʀᴇ. – Trois compartiments disposés d'avant en arrière. 1ᵉʳ C : burette d'huile, clefs diverses, pompe, nécessaire de réparation, chaîne avec cadenas, chiffons. 2ᵉ C : petite pharmacie. Baudruche phéniquée, sublimé corrosif (4 paquets de 50 centigr. chacun), gaze phéniquée, coton hydrophile, éther, ammoniaque ; 3ᵉ C : chaussettes ou bas, chemise de flanelle de rechange (qui pourra servir de chemise de nuit), mouchoirs ; un petit paquet de ficelle, vieux journaux (le papier mauvais conducteur de la chaleur peut servir, au besoin, à confectionner un vêtement de surcroît ; trousse de toilette. Du côté droit, mince compartiment pour les cartes, les indicateurs des chemins de fer, etc.

Pᴏsɪᴛɪᴏɴ sᴜʀ ʟᴀ ᴍᴀᴄʜɪɴᴇ. – Impossible d'énoncer des règles absolues. Nous conseillons la selle presque horizontale, légèrement inclinée d'arrière en avant et de haut en bas, le croissant et les poignées sur un même plan horizontal. Le cycliste ne doit jamais sentir la pression de l'avant de la selle, sous peine de s'exposer à de graves accidents. L'extension de la jambe sur la cuisse ne doit pas être complète lorsque la pédale est au point inférieur de la course. La plupart des guidons, tenus près de la tige (position de promenade), déterminent, à cause de leur direction, ou de leur convexité, une pression parfois douloureuse sur la paume de la main. Nous nous sommes bien trouvé de la disposition suivante : la moitié interne de chaque branche du guidon absolument rectiligne et formant avec la tige un angle de 80°. Poignées mobiles en caoutchouc ou en drap. La position de promenade est ainsi plus naturelle. Quant à la moitié externe du guidon, chacun la modifie suivant ses goûts : éviter cependant les poignées trop basses.

En marche. - Ne pas produire d'effort brusque au départ : appuyer progressivement sur la pédale. Prendre au début une allure uniforme et très modérée ; ne l'accélérer que plus tard, si l'on se sent en bonne forme. De quinze à dix-huit kilomètres à l'heure en palier : ne pas dépasser, en général, quatre-vingts kilomètres dans une journée. Tenir compte, dans ces évaluations, du vent, des côtes, etc.

Ne jamais arriver à l'essoufflement. Ne pas attendre que certains besoins deviennent impérieux.

Profiter des routes en palier et bien unies pour s'exercer à marcher sans tenir le guidon. Le changement de position repose et l'on acquiert un fonctionnement plus régulier et plus symétrique des deux moitiés du corps.

La marche est le meilleur moyen de se reposer de la position cycliste.

Ascension des rampes. - Ralentir, avant d'être arrivé au bas de la côte : la gravir lentement, sans à-coups, en enveloppant la pédale ; éviter d'appuyer au point mort.

Descentes. - Avant la descente, s'assurer que le frein fonctionne bien. Retenir avec les pédales de façon à se servir du frein le moins possible ; dans aucun cas, n'abandonner les pédales. - Si l'on arrête brusquement, l'on risque d'être projeté à terre ; dans tous les cas, on détériore plus ou moins la machine.

Tournants. - Ralentir. Si l'allure est trop rapide, on peut *chasser* ou rencontrer un obstacle imprévu.

Haltes. - Doivent être courtes. Éviter de s'asseoir et à fortiori de se coucher tout de son long dans un endroit humide ou trop frais ; de préférence, la tête à l'ombre et les pieds au soleil. Boire peu, à petites gorgées ; choisir une eau courante et limpide.

Alimentation. - Repas substantiels, composés de viandes rouges saignantes, lait, œufs crus ou à la coque, etc. - *Pick me up* (deux jaunes d'œufs délayés avec de la cassonade, du lait, une pincée de cannelle et un peu de madère). - Éviter les mets indigestes (truffes, salaisons, mets épicés). - Ne prendre des liqueurs alcooliques qu'à des doses minimes et jamais sans avoir mangé auparavant. Proscrire les apéritifs, les boissons gazeuses (eau de seltz, vin blanc, bière, etc).

Le café, à dose modérée, est une excellente boisson ; le sucrer fortement. Le sucre est un excellent aliment de combustion.

S'assurer, autant que possible, de la qualité de l'eau que l'on boit.

Boire peu, à petites gorgées.

En hiver, alimentation plus riche en graisse et en aliments azotés.

Ne jamais employer de coca. - La kola pourra être exceptionnellement utile pour donner un coup de collier final.

A l'arrivée. - Si possible, bain ou douche mitigée, suivie de massage. Sinon, se laver la face et le cou à l'aide des mains ou d'une éponge et non en se plongeant la tête dans de l'eau froide (pratique dangereuse). Friction énergique sur tout le corps au moyen d'une serviette imbibée d'alcool.

Sommeil. - Huit heures environ de sommeil sont suffisantes. Se coucher tôt, se lever tôt. Éviter les chambres trop exiguës et les draps humides.

MAISONS RECOMMANDÉES
A MM. LES CYCLISTES

Classement Alphabétique de Villes

CASTANET — M. MONREDON, limonadier, Café Gouzy
Consommations de Premier Choix
Pompe de secours pour MM. les bicyclistes

FENOUILLET — A 1 kilom. de Lacourtensourt.
M. FAMLER, CAFÉ-RESTAURANT
A ma Campagne
Consommation de 1ʳ Choix. - Collation à toute heure
PRIX MODÉRÉS
BILLARDS. - BAL. - JEUX DIVERS
Pompe de Secours pour MM. les Cyclistes. — Garage

LACOURTENSOURT — M. MARCEL GORSSE
Limonadier-Restaurateur - Liqueurs
de Marque - Collation à tous prix
Pompe de secours pour bicyclistes

RAMONVILLE-St-AGNE — Mme Veuve HEUILLET
Limonadière

TOULOUSE — M. MICHEL DIMON, Limonadier
Ancien Café MAFFRE, Gd-Rond. - Garage
Etablissement de 1ʳ Ordre remis complètement à neuf

NOTICE SUR LA CARTE CYCLISTE

Cette carte est demi-schématique. Les villes indiquées occupent leur véritable place topographique (exception faite pour quelques-unes d'entre elles placées dans les angles ; Castelnaudary, par exemple, qui devrait être reporté plus au S. E., et qu'il nous a paru utile d'y faire figurer). Elles sont reliées par des lignes droites, qui représentent les chemins accessibles aux cyclistes. Les chiffres indiqués représentent le nombre de kilomètres compris : 1° soit entre deux villes : 2° Soit entre une ville et une bifurcation de route : 3° Soit entre deux bifurcations.

Il est ainsi facile de calculer le nombre de kilomètres faits ou à faire suivant un itinéraire donné.

Il est même possible à un routier exercé de se guider avec cette carte dans un pays qu'il parcourt pour la première fois.

Toutes les distances ont été repérées au curvimètre sur la carte de l'état-major au 80.000e.

Les doubles traits désignent les routes nationales et départementales ; les traits appuyés, les chemins de fer.

PAPETERIE & IMPRIMERIE DU CAPITOLE

LABOUCHE FRÈRES

10, Galeries du Capitole, TOULOUSE

CARTE CYCLISTE DES ENVIRONS DE TOULOUSE
Edition au 1/6000e à 5 coul. **Prix : 3 fr.**
Edition au 1/40000e (courbes en coul.) **1 fr. 75**

DÉPOT CENTRAL

DES

Cartes de l'Etat-Major et du Service Vicinal

OUVRAGES VÉLOGIPÉDIQUES

CARTES AU $\frac{1}{200000e}$ A CINQ COULEURS

Préconisées par le T. C. F.

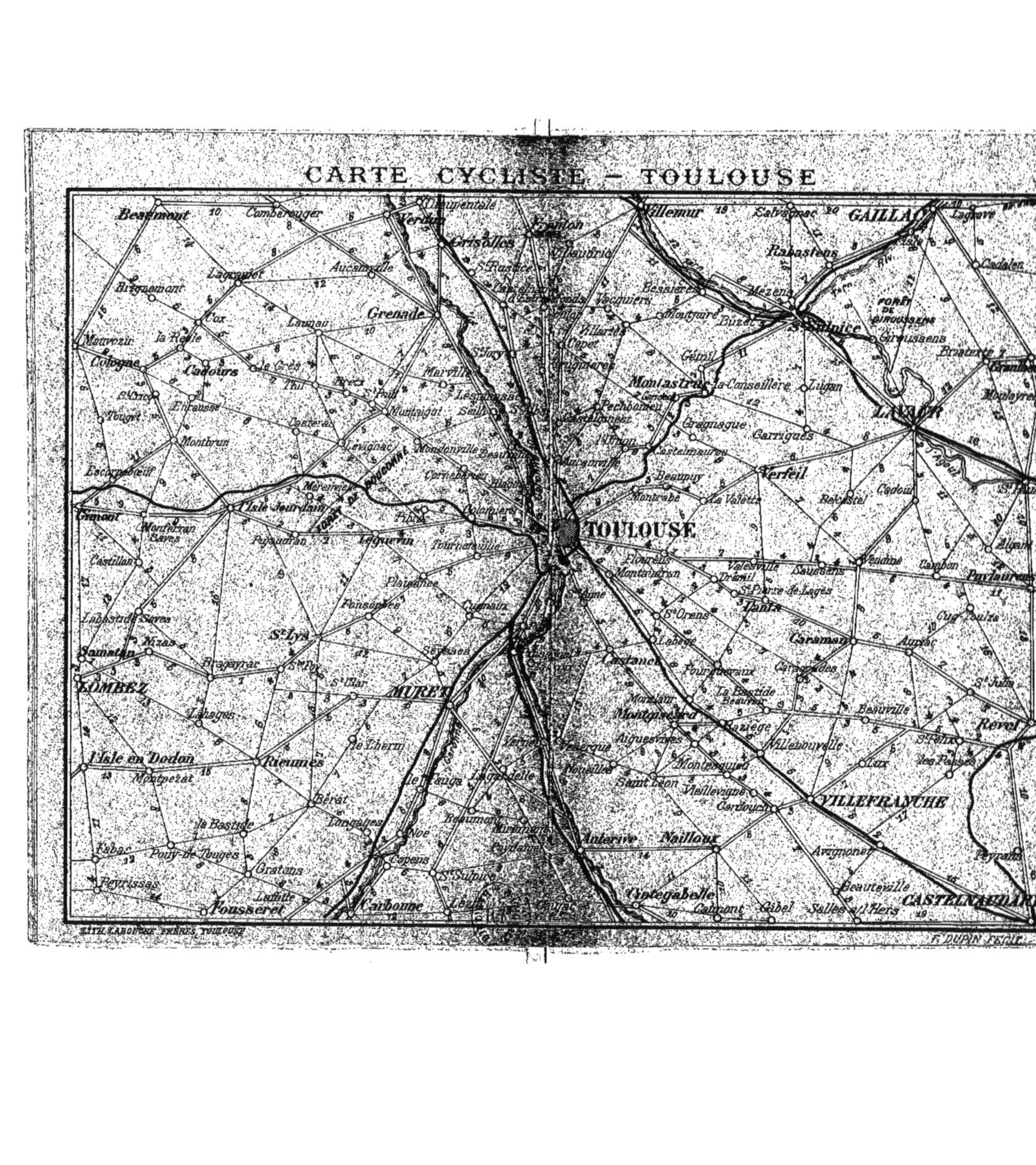

CARTE CYCLISTE — TOULOUSE
TOULOUSE
GAILLAC
LAVAUR
MURET
LOMBEZ
VILLEFRANCHE
CASTELNAUDARY
REVEL
Grenade
Verfeil
St Lys
Rieumes
Isle en Dodon
Fousseret
Carbonne
Montastruc-la-Conseillère
Caraman
Naïllou
Montgiscard

CONSEILS MÉDICAUX

AMPOULES. — Ne pas enlever l'épiderme soulevé ; percer l'ampoule avec une aiguille très propre : léger massage avec de la vaseline boriquée ; panser, sans essuyer, avec une bande de toile à demi-usée.

COLIQUES. — Cinq gouttes de laudanum dans un peu d'eau sucrée. Renouveler tous les quarts d'heure jusqu'à sédation. Ou bien en une fois, vingt-cinq gouttes de chlorodyne dans un peu d'eau.

COMPRESSION NERVEUSE. — La station sur la selle peut, dans une course un peu longue, ou par défaut d'entraînement, donner lieu à des douleurs parfois intolérables : changer de place sur la selle, notamment en pédalant sans tenir le guidon ; en cas d'insuccès, le seul remède est de descendre de machine et de marcher. La compression de la paume de la main par une partie convexe du guidon peut causer parfois de vives douleurs (se reporter aux conseils hygiéniques).

CONTUSION. — Légère : compresses imbibées d'eau-de-vie ou de rhum ; compression légère au moyen d'un bandage approprié. Grave : En attendant le médecin, application de sangsues sur la partie malade ; compléter par le traitement de la forme légère.

COUP DE SOLEIL. — On peut souvent s'en préserver en oignant les parties découvertes avec de la vaseline ou mieux encore avec du blanc d'œuf. Coiffure appropriée. Porter le malade dans un endroit frais ; lui enlever sa coiffure ; lui découvrir la poitrine ; applications sur la tête de compresses d'eau très froide fréquemment renouvelées. Si l'insolation est grave, friction sur tout le corps avec une serviette imbibée d'eau très froide. Dans le cas de syncope, se reporter à l'article syncope. Après avoir reçu les soins d'urgence, le malade doit être porté chez lui : appeler un médecin. La cuisson causée par le coup de soleil est très diminuée par les applications de glycérolé d'amidon ou de vaseline boriquée.

CRAMPES. — Descendre de machine et marcher. Au besoin, léger massage.

DIARRHÉE. — Voir à l'art. Coliques.

ENGELURES. — Glycérine salicylée.

ENTORSE. — Légère : compresses d'eau-de-vie ou de rhum étendu d'eau ; compression légère au moyen d'une bande. Au bout d'un quart d'heure, massage superficiel tout d'abord, puis progressivement plus profond et plus appuyé. Pour pratiquer le massage, oindre la partie malade avec un corps gras (de préférence de la vaseline).

ESSOUFFLEMENT. — Quelle qu'en soit la cause, ralentir l'allure ou descendre de machine ; sinon les plus graves accidents sont à craindre.

FATIGUE. — La fatigue peut être localisée dans certaines régions (les genoux par exemple) et n'exige qu'un court repos ; si elle est générale, il faut savoir s'arrêter pour éviter le surmenage.

FRACTURES. — *Simples.* Si l'impotence du membre, la douleur très vive en un point limité, etc., font soupçonner l'existence d'une fracture, découdre ou couper les vêtements. Pour immobiliser le membre, improviser un appareil au moyen des objets qu'on a à sa portée, le composer de parties résistantes (attelles) formées de planchettes, de bâtons, de branches d'arbre de ou tiges de maïs, etc., et entourées de parties souples (bandes, vêtements enroulés, etc) ; maintenir le tout par des rubans de fil ou des cordelettes.

Compliquées de plaie au niveau de la fracture. Faire d'abord le traitement de la plaie (voir ci-dessous) ; ensuite, celui de la fracture.

Suivant le siège. Membres. Les attelles doivent être appliquées suivant l'axe du membre. - *Côtes.* Entourer la poitrine d'une serviette fortement serrée ou mieux encore, si c'est possible, d'une bande de sparadrap croisant d'un pan et demi sur la poitrine. — *Tête, colonne vertébrale, bassin.* Remuer le malade le moins possible et, en attendant le médecin, se borner aux soins généreux qu'exige l'état général du malade. Dans le cas de faiblesse extrême, administrer un cordial (eau-de-vie ou rhum coupé d'eau) ; dans le cas de syncope, faire le traitement indiqué à l'article *Syncope.*

GERÇURES. — Lavage antiseptique (voir à l'article Plaies) ; collodion riciné.

INDIGESTION. — Boissons chaudes en petite quantité à la fois ; thé au rhum, infusion de camomille additionnée d'un peu d'eau de mélisse. S'il y a des nausées fréquemment répétées, uu vomitif est indiqué, mais il vaut mieux, s'il se peut, appeler un médecin.

INSOLATION — Voir à l'article *Coup de Soleil.*

LUXATIONS (os déplacés). — Souvent difficiles à distinguer de l'entorse. Compresses alcoolisées ; immobilisation de la jointure atteinte ; appeler le médecin.

MAUX DE DENTS. — Recouvrir la joue correspondante d'un peu de coton ou à la rigueur d'un mouchoir ; marcher pour diminuer la congestion locale.

MORSURES. — Voyez à l'article *Plaies.*

Piqures. — *Guêpes, Abeilles, Moustiques.* Compresses imbibées d'ammoniaque ou d'une solution phéniquée ; si ces remèdes font défaut, frictionner le siège de la piqûre avec du sel légèrement humecté d'eau.

Mouches charbonneuses. — Cautériser la plaie le plus tôt possible au fer rouge et appeler le médecin.

Vipères. — Lier fortement le membre atteint ; sucer énergiquement la plaie (il n'y a aucun danger si l'on n'a pas de plaie dans la cavité buccale) ; cautériser au fer rouge et appeler un médecin.

Plaies. — Certaines règles générales doivent toujours être rigoureusement observées. Se laver rigoureusement les mains avant toute autre opération. Ne pas nettoyer la plaie avec un linge sale. Nettoyer la plaie sans la toucher, exprimant au-dessus un linge très propre trempé dans une solution antiseptique (sublimé : $1/1000$ d'eau distillée) ou tout au moins dans de l'eau très propre.

Plaie peu grave, sans hémorrhagie : panser avec de l'iodoforme ou du salol, recouvrir d'une couche de coton stérilisé et maintenir le tout avec une bande.

Si la plaie est profonde ou très étendue ou qu'elle acquière par le fait de son siège une gravité spéciale, appeler le médecin et, en attendant, recouvrir la partie atteinte du linge même qui a servi à la nettoyer.

Dans le cas d'hémorrhagie, ne jamais employer le vinaigre, les toiles d'araignée, le perchlorure de fer. Une fois le pansement terminé, comprimez légèrement la plaie par dessus le pansement. Si une artère est ouverte, le sang sort ordinairement en jet et par saccades ; en attendant le médecin, cherchez en tâtonnant à comprimer l'artère en amont de la plaie (c'est à dire du côté du cœur).

SAIGNEMENT DE NEZ. — Air frais, tête droite, élévation pendant quelques minutes du bras correspondant au côté de la narine qui saigne, application d'eau froide sur le front ou dans le dos. Amadou dans le nez. Ne pas tamponner les fosses nasales, l'écoulement du sang peut être arrêté en apparence et continuer dans l'arrière-gorge.

SURMENAGE. — Fréquent chez les non-entraînés qui présument trop de leurs forces : est surtout caractérisé par le manque d'appétit et de sommeil. Vouloir continuer à pédaler dans ces conditions serait une faute grave. Se reposer et attendre que tout soit rentré dans l'ordre.

SYNCOPE. — Peut survenir dans les cas d'insolation, de surmenage, de fracture ou de luxation grave, etc. Agir vite. Placer le malade dans un endroit frais et dans la position horizontale. Desserrer ou ôter les vêtements qui peuvent gêner la respiration ; flageller la face avec un linge imbibé d'eau froide ; faire respirer de l'ammoniaque en évitant le contact direct ; friction énergique sur tout le corps.

Si ces moyens échouent, employer sans tarder la respiration artificielle de bouche à bouche et, en cas d'insuccès, la traction rhythmée de la langue. Saisir le bout de la langue avec un mouchoir et, quinze fois environ par minute, alternativement, l'attirer fortement hors de la bouche et la relâcher.

N.-B. - Les conseils qui précèdent sont presque exclusivement destinés aux routiers ; ils pourront être d'une grande utilité en rase campagne, en l'absence ou avant l'arrivée d'un médecin, car ils se rapportent presque toujours à des cas d'urgence et ont été présentés sous une forme aussi pratique qu'il est possible de le faire en pareille matière.

Dr DUPIN,

Chirurgien en Chef des Hôpitaux de Toulouse.

AVRIL — Le jour croit pendant ce mois de 1 h. 39 m.

Jour		SOLEIL		LUNE			MEMENTO
		Lever	Coucher	Lever	Coucher	Age	
1	J	5h.41	6h.29	5 matin 3	6 soir 08	29	
2	V	5. 38	6. 30	5 matin 18	7 soir 16	30	
3	S	5. 36	6. 31	5 matin 34	8 25	1	
4	D	5. 34	6. 33	5 33	9 33	2	
5	L	5. 32	6. 34	6 16	10 40	3	
6	M	5. 30	6. 36	6 47	11 43	4	
7	M	5. 28	6. 37	7 25		5	
8	J	5. 26	6. 39	8 15	0 matin 40	6	
9	V	5. 24	6. 40	9 14	1 matin 27	7	
10	S	5. 22	6. 42	10 23	2 matin 5	8	
11	D	5. 20	6. 43	11 37	2 35	9	
12	L	5. 18	6. 45	0 soir 54	2 59	10	
13	M	5. 16	6. 46	2 soir 13	3 19	11	
14	M	5. 14	6. 48	3 34	3 38	12	
15	J	5. 12	6. 49	4 58	3 55	13	
16	V	5. 10	6. 51	6 25	4 14	14	
17	S	5. 8	6. 52	7 55	4 35	15	
18	D	5. 6	6. 54	9 25	5 2	16	
19	L	5. 4	6. 55	10 50	5 38	17	
20	M	5. 2	6. 57		6 25	18	
21	M	5.	6 58	0 matin 1	7 28	19	
22	J	4. 58	7.	0 matin 55	8 41	20	
23	V	4. 57	7. 1	1 matin 34	9 59	21	
24	S	4. 55	7. 3	2 2	11 17	22	
25	D	4. 53	7. 4	2 23	0 soir 32	23	
26	L	4. 51	7. 6	2 41	1 soir 43	24	
27	M	4. 49	7. 7	2 56	2 52	25	
28	M	4. 48	7. 8	3 10	4 »	26	
29	J	4. 46	7. 10	3 25	5 7	27	
30	V	4. 44	7. 11	3 41	6 15	28	

MAI	Le jour croît pendant ce mois de 1 h. 16 m.						MEMENTO

		SOLEIL		LUNE			
		Lever	Coucher	Lever	Coucher	Age	
1	S	4h.42	7h.13	3 59	7h.23	29	
2	D	4. 41	7. 14	4 21	8 30	1	
3	L	4. 39	7. 16	4 49	9 35	2	
4	M	4. 37	7. 17	5 26	10 33	3	
5	M	4. 36	7. 19	6 11	11 23	4	
6	J	4. 34	7 20	7 7	—	5	
7	V	4. 32	7. 21	8 42	0 4	6	
8	S	4. 31	7. 23	9 23	0 36	7	
9	D	4. 29	7. 24	10 37	1 1	8	
10	L	4. 28	7. 26	11 52	1 22	9	
11	M	4. 26	7. 27	1 10	1 41	10	
12	M	4. 25	7. 28	2 29	1 58	11	
13	J	4. 24	7. 30	3 52	2 15	12	
14	V	4. 22	7. 31	5 19	2 35	13	
15	S	4. 21	7. 32	6 49	2 59	14	
16	D	4. 20	7. 34	8 18	3 29	15	
17	L	4. 18	7. 35	9 38	4 11	16	
18	M	4. 17	7. 36	10 42	5 8	17	
19	M	4. 16	7. 38	11 29	6 19	18	
20	J	4. 15	7 39	—	7 39	19	
21	V	4. 13	7. 40	0 2	9 »	20	
22	S	4. 12	7. 41	0 27	10 18	21	
23	D	4. 11	7. 42	0 46	11 32	22	
24	L	4. 10	7. 44	1 2	0 43	23	
25	M	4. 9	7. 45	1 17	1 51	24	
26	M	4. 8	7. 46	1 32	2 58	25	
27	J	4. 7	7. 47	1 47	4 6	26	
28	V	4. 7	7. 48	2 5	5 14	27	
29	S	4. 6	7. 49	2 26	6 21	28	
30	D	4. 5	7. 50	2 52	7 27	29	
31	L	4. 4	7. 51	3 26	8 28	30	

MOIS DE CYCLISME

JUIN

Le jour croît pendant ce mois de 18m du 1 au 21 et décroît de 4m du 21 au 30.

Jour		SOLEIL		LUNE		
		Lever	Coucher	Lever	Coucher	Age
1	M	4h. 3	7h.52	4 matin 9	9 soir 20	1
2	M	4. 3	7. 53	5 matin 2	10 soir 4	2
3	J	4. 2	7. 54	6 matin 5	10 38	3
4	V	4. 1	7. 55	7 14	11 5	4
5	S	4. 0	7. 56	8 27	11 27	5
6	D	4. 0	7. 57	9 41	11 46	6
7	L	4. 0	7. 58	10 55		7
8	M	4. 0	7. 58	0 soir 11	0 matin 3	8
9	M	3. 59	7. 59	1 soir 30	0 matin 19	9
10	J	3. 59	8. 0	2 52	0 37	10
11	V	3. 59	8. 0	4 18	0 58	11
12	S	3. 58	8. 1	5 46	1 24	13
13	D	3. 58	8. 2	7 10	2 »	12
14	L	3. 58	8. 2	8 22	2 48	14
15	M	3. 58	8. 3	9 18	3 53	15
16	M	3. 58	8. 3	9 58	5 11	16
17	J	3. 58	8. 4	10 27	6 34	17
18	V	3. 58	8. 4	10 49	7 56	18
19	S	3. 58	8. 4	11 7	9 14	19
20	D	3. 58	8. 4	11 23	10 28	20
21	L	3. 58	8. 5	11 38	11 39	21
22	M	3. 58	8. 5	11 53	0 soir 47	22
23	M	3. 59	8. 5		1 soir 55	23
24	J	3. 59	8. 5	0 matin 10	3 3	24
25	V	3. 59	8. 5	0 matin 29	4 11	25
26	S	4. 0	8. 5	0 matin 54	5 18	26
27	D	4. 0	8. 5	1 25	6 20	27
28	L	4. 0	8. 5	2 5	7 16	28
29	M	4. 1	8. 5	2 56	8 3	29
30	M	4. 2	8. 5	3 56	8 40	30

MEMENTO

JUILLET							MEMENTO
SOLEIL		**LUNE**					Le jour décroît pendant ce mois de 57 minutes.
	Lever	Coucher	Lever		Coucher	Age	

		SOLEIL		LUNE			
		Lever	Coucher	Lever	Coucher	Age	
1	J	4h. 2	8h. 5	5 5	9 9	1	
2	V	4. 3	8. 4	6 17	9 33	2	
3	S	4. 3	8. 4	7 34	9 52	3	
4	D	4. 4	8. 4	8 46	10 9	4	
5	L	4. 5	8. 3	10 1	10 26	5	
6	M	4. 6	8. 3	11 17	10 43	6	
7	M	4. 6	8. 2	0 36	11 2	7	
8	J	4. 7	8. 2	1 58	11 25	8	
9	V	4. 8	8. 1	3 22	11 55	9	
10	S	4. 9	8. 1	4 46	—	10	
11	D	4. 10	8.	6 3	0 36	11	
12	L	4. 11	7. 59	7 5	1 32	12	
13	M	4. 12	7. 59	7 52	2 43	13	
14	M	4. 13	7. 58	8 25	4 4	14	
15	J	4. 14	7. 57	8 51	5 28	15	
16	V	4. 15	7. 56	9 11	6 50	16	
17	S	4. 16	7. 55	9 27	8 7	17	
18	D	4. 17	7. 54	9 43	9 20	18	
19	L	4. 18	7. 53	9 58	10 31	19	
20	M	4. 19	7. 52	10 15	11 41	20	
21	M	4. 20	7. 51	10 33	0 49	21	
22	J	4. 21	7. 50	10 56	1 58	22	
23	V	4. 23	7. 49	11 24	3 5	23	
24	S	4. 24	7. 48	—	4 10	24	
25	D	4. 25	7. 47	0 0	5 8	25	
26	L	4. 26	7. 45	0 47	5 59	26	
27	M	4. 28	7. 44	1 44	6 39	27	
28	M	4. 29	7 43	2 51	7 12	28	
29	J	4. 30	7. 41	4 3	7 37	29	
30	V	4. 31	7. 40	5 18	7 58	1	
31	S	4 33	7. 39	6 34	8 16	2	

Tout cycliste désireux de faire de la route sans fatigue, adoptera la **KOLA DUFFOUR**.

Prix : 1 fr. 50 franco.

Pharmacie centrale, 5, rue St-Pantaléon, Toulouse.

MOIS DE CYCLISME

AOUT — Le jour décroit pendant ce mois de 1 h. 35 m.

		SOLEIL		LUNE		
		Lever	Coucher	Lever	Coucher	Age
1	D	4h.34	7h.37	7 matin 50	8 soir 33	3
2	L	4. 35	7. 36	9 matin 6	8 soir 50	4
3	M	4. 37	7. 34	10 matin 25	9 8	5
4	M	4 38	7. 33	11 45	9 30	6
5	J	4. 39	7. 31	1 soir	9 57	7
6	V	4. 41	7. 30	2 soir 31	10 33	8
7	S	4. 42	7. 28	3 48	11 22	9
8	D	4. 44	7. 26	4 55	—	10
9	L	4 45	7 25	5 46	0 matin 25	11
10	M	4. 46	7. 23	6 24	1 matin 41	12
11	M	4. 48	7 22	6 52	3 matin 3	13
12	J	4. 49	7. 20	7 14	4 24	14
13	V	4. 50	7. 18	7 32	5 43	15
14	S	4. 52	7. 16	7 48	6 59	16
15	D	4. 53	7. 14	8 4	8 12	17
16	L	4. 55	7. 13	8 20	9 23	18
17	M	4. 56	7. 11	8 37	10 32	19
18	M	4 58	7. 9	8 58	11 42	20
19	J	4. 59	7 7	9 24	0 soir 50	21
20	V	5.	7. 5	9 57	1 soir 56	22
21	S	5. 2	7. 3	10 39	2 57	23
22	D	5 3	7. 2	11 31	3 51	24
23	L	5. 5	7 0	—	4 35	25
24	M	5. 6	6. 58	0 soir 34	5 11	26
25	M	5. 7	6. 56	1 soir 44	5 39	27
26	J	5. 9	6. 54	2 58	6 2	28
27	V	5. 10	6. 52	4 15	6 22	29
28	S	5. 12	6. 50	5 32	6 40	30
29	D	5. 13	6. 48	6 50	6 57	1
30	L	5. 14	6. 46	8 10	7 15	2
31	M	5. 16	6. 44	9 31	7 36	3

MEMENTO

MOIS DE CYCLISME

SEPTEMBRE
Le jour décroît pendant ce mois de 1 h. 43 m.

Jour		SOLEIL		LUNE		
		Lever	Coucher	Lever	Coucher	Age
1	M	5h.17	6h.42	10 55 soir	8 1 soir	4
2	J	5. 19	6. 40	0 19	8 34	5
3	V	5. 20	6. 38	1 38	9 19	6
4	S	5. 22	6. 36	2 47	10 17	7
5	D	5. 23	6. 34	3 42	11 28	8
6	L	5. 24	6. 31	4 24		9
7	M	5. 26	6. 29	4 54	0 46 matin	10
8	M	5. 27	6. 27	5 18	2 6	11
9	J	5. 29	6. 25	5 37	3 24	12
10	V	5. 30	6. 23	5 54	4 40	13
11	S	5. 31	6. 21	6 9	5 33	14
12	D	5. 33	6. 19	6 25	7 4	15
13	L	5. 34	6. 17	6 42	8 15	16
14	M	5. 36	6. 15	7 2	9 25	17
15	M	5. 37	6. 12	7 26	10 34	18
16	J	5. 39	6. 10	7 56	11 41 soir	19
17	V	5. 40	6. 8	8 34	0 45	20
18	S	5. 41	6. 6	9 22	1 41	21
19	D	5. 43	6. 4	10 19	2 29	22
20	L	5. 44	6. 2	11 25	3 7	23
21	M	5. 46	6. 0		3 38	24
22	M	5. 47	5. 58	0 37 matin	4 3	25
23	J	5. 49	5. 55	1 51	4 24	26
24	V	5. 50	5. 53	3 8	4 43	27
25	S	5. 51	5. 51	4 26	5 1	28
26	D	5. 53	5. 49	5 46	5 19	29
27	L	5. 54	5. 47	7 8	5 39	1
28	M	5. 56	5. 45	8 4	6 4	2
29	M	5. 57	5. 43	10 0	6 35	3
30	J	5. 59	5. 41	11 24	7 17	4

MEMENTO

OCTOBRE

Le jour décroît pendant ce mois de 1 h. 43 m.

		SOLEIL		LUNE			MEMENTO
		Lever	Coucher	Lever	Coucher	Age	
1	V	6h.	5h.38	0 soir 38	8 soir 12	5	
2	S	6. 2	5. 36	1 38	9 19	6	
3	D	6. 3	5. 34	2 24	10 36	7	
4	L	6. 5	5. 32	2 57	11 54	8	
5	M	6. 6	5. 30	3 22		9	
6	M	6. 8	5. 28	3 43	1 matin 12	10	
7	J	6. 9	5. 26	4 0	2 27	11	
8	V	6. 11	5. 24	4 16	3 40	12	
9	S	6. 12	5. 22	4 32	4 51	13	
10	D	6. 14	5. 20	4 48	6	14	
11	L	6. 15	5. 18	5 7	7 10	15	
12	M	6. 17	5. 16	5 30	8 19	16	
13	M	6. 18	5. 14	5 57	9 27	17	
14	J	6. 20	5. 12	6 32	10 32	18	
15	V	6. 21	5. 10	7 16	11 31	19	
16	S	6. 23	5. 8	8 10	0 soir 22	20	
17	D	6. 24	5. 6	9 11	1 3	21	
18	L	6. 26	5. 4	10 19	1 37	22	
19	M	6. 27	5. 2	11 30	2 4	23	
20	M	6. 29	5.		2 26	24	
21	J	6. 31	4. 58	0 matin 44	2 45	25	
22	V	6. 32	4. 56	1 59	3 3	26	
23	S	6. 34	4. 55	3 17	3 21	27	
24	D	6. 35	4. 53	4 38	3 40	28	
25	L	6. 37	4. 51	6 2	4 3	29	
26	M	6. 38	4. 49	7 30	4 32	1	
27	M	6. 40	4. 47	8 58	5 10	2	
28	J	6. 42	4. 46	10 20	6 1	3	
29	V	6. 43	4. 44	11 28	7 7	4	
30	S	6. 45	4. 42	0 soir 20	8 23	5	
31	D	6. 46	4. 41	0 soir 58	9 43	6	

ENTRETIEN DE LA MACHINE

Pneumatiques. — *Au repos.* Dégonfler légèrement pour éviter l'aplatissement et la déformation consécutive du bandage ; si possible, suspendre ensuite la bicyclette.

En excursion. Gonfler avant le départ, jamais à fond, surtout si l'on peut supposer que la température s'élèvera dans la journée, car le pneumatique pourrait éclater. Le degré de dureté à obtenir pour le bandage est impossible à préciser : il dépend du poids du cavalier, de l'état de la route, etc. On en acquiert vite la notion par l'expérience.

Graissage. La machine destinée à être mise au repos doit être soigneusement graissée (exception faite pour les bandages) au moyen d'un linge imbibé de vaseline. Pour toutes les parties roulantes, nous conseillons de préférence *l'Huile verte* (voir ci-contre), avec laquelle vous nettoyez votre machine sans avoir besoin d'employer le pétrole qui décape et ronge les parties métalliques et laisse un cambouis abondant et d'une odeur très désagréable. Il suffit d'introduire de l'Huile verte dans les mouvements jusqu'à ce qu'elle ressorte telle qu'elle est entrée : à ce moment-là, le nettoyage et le graissage sont absolument parfaits.

Préalablement bien essuyer toutes les extrémités des frottements à billes ; incliner la bicyclette à droite et à gauche, introduire trois ou quatre gouttes d'Huile verte de chaque côté dans les frottements ; en bien essuyer ensuite l'extrémité. On évite ainsi l'adhérence de la poussière ou de la boue. — En route, graisser de nouveau après un parcours de quarante kilomètres.

Avant de se mettre en marche, s'assurer que tous les boulons, que tous les écrous sont bien serrés et que le frein fonctionne bien.

HUILE VERTE

Sa devise est : SIMPLICITÉ, PROPRETÉ, SÉCURITÉ.

SIMPLICITÉ. – Le nettoyage et le graissage sont effectués à la fois.

PROPRETÉ. – Cambouis réduit à un minimum insignifiant, qui ne nuit en rien aux roulements et qui n'a pas d'odeur.

SÉCURITÉ. – Absolument neutre, sans odeur, sans saveur, exempte de toute particule métallique ou de pétrole susceptible de corroder, protège et conserve les organes les plus délicats des machines.

Chez BÉBÉLI & Cie, Toulouse, 24, Boulevard Carnot,
Et chez tous les marchands de vélocipèdes.

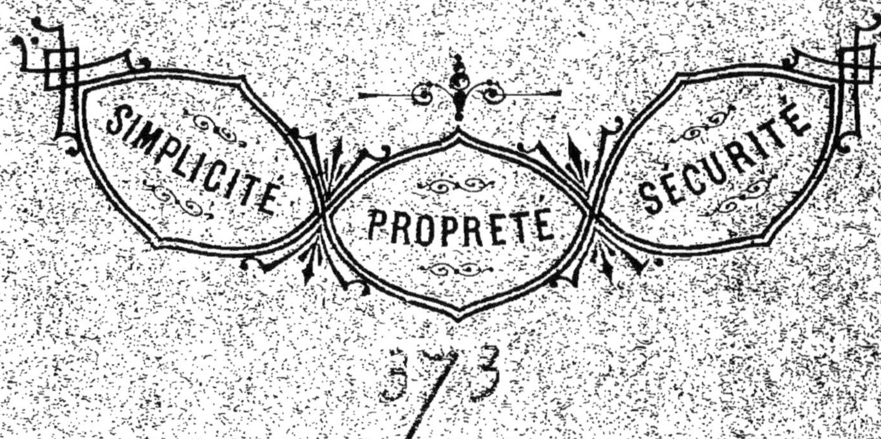

www.ingramcontent.com/pod-product-compliance
Ingram Content Group UK Ltd.
Pitfield, Milton Keynes, MK11 3LW, UK
UKHW022234070726
13613UKWH00004B/1944